Hörbücher & Voiceovers mit KI

Verwandle Text in Gewinn mit KI-Stimmen für Hörbücher, Podcasts und Sprechaufträge

Von Joe Correa

Veröffentlicht von Live Stronger Faster

Erste Auflage

Inhaltsverzeichnis

Einleitung

In den vergangenen Jahren ist etwas Unglaubliches geschehen – leise, aber kraftvoll. Künstliche Intelligenz hat sich in eine der menschlichsten Branchen überhaupt eingeschlichen: die Stimme. Früher erforderte die Aufnahme hochwertiger Voiceovers oder Hörbücher Tausende von Dollar an Studioausrüstung, einen ausgebildeten Sprecher, einen Tontechniker und stundenlange Bearbeitung. Heute kann all das durch etwas ersetzt werden, das du bereits besitzt – ein Skript und einen Laptop.

Die KI-Sprachtechnologie hat die Art und Weise, wie wir Audioinhalte erstellen und verbreiten, grundlegend verändert. Was früher Wochen und mehrere Fachleute erforderte, kann heute in wenigen Minuten von einer einzigen Person mit einigen smarten Tools umgesetzt werden. Und dieses Buch ist dein Bauplan. Egal, ob du Autor bist und dein Werk als Hörbuch veröffentlichen möchtest, als Freelancer zusätzliches Einkommen suchst oder einfach neugierig bist, wie Menschen mit synthetischen Stimmen online Geld verdienen – dies ist dein Leitfaden, um es selbst umzusetzen.

Stell dir vor, du verwandelst einen Blogartikel in einen fesselnden Podcast, ein E-Book in ein mehrsprachiges Hörbuch oder eine einfache Produktbeschreibung in ein professionelles Voiceover – ohne selbst ein einziges Wort zu sprechen. Genau um diese Kraft geht es hier. Du brauchst kein professionelles Aufnahmestudio und kein schauspielerisches Talent mehr. Du brauchst nur Zugang zu den richtigen Tools und zur richtigen Strategie. Dieses Buch liefert dir beides.

Doch bevor wir eintauchen, beantworten wir eine entscheidende Frage: Warum Hörbücher und Voiceovers? Warum gerade jetzt?

Die Antwort ist einfach. Audio boomt. Hörbücher gehören zu den am schnellsten wachsenden Segmenten der digitalen Verlagsbranche. Allein in den USA überstieg der Umsatz mit Hörbüchern im letzten Jahr 2 Milliarden Dollar – und das Wachstum verlangsamt sich nicht. Die Möglichkeit, Inhalte beim Autofahren, Spazierengehen oder bei Hausarbeiten zu hören, hat Audio attraktiver denn je gemacht. Weltweit sehnen sich Menschen nach Wissen, Geschichten und Verbindung – und sie wollen es im Audioformat.

Doch es geht nicht nur um Hörbücher. Voiceover-Inhalte explodieren auf Plattformen wie YouTube, Instagram, TikTok und E-Learning-Websites. Jedes Mal, wenn ein Creator ein Tutorial hochlädt, eine Marke ein Produkt erklärt oder ein Coach einen Online-Kurs startet, entsteht eine Chance für Voiceover-Arbeit. Und hier ist das Geheimnis: Ein Großteil dieser Voiceover-Arbeit erfordert heute keine menschliche Stimme mehr. KI-Tools haben das Spielfeld ausgeglichen.

Mit Tools wie ElevenLabs, PlayHT und Descript kannst du in Sekunden realistische, emotionale und menschlich klingende Erzählstimmen erzeugen. Diese Tools bieten vorgefertigte Stimmen sowie vollständige Voice-Cloning-Funktionen – du kannst also deine eigene Stimme replizieren oder mit wenigen Trainingssätzen einen Charakter erschaffen. Möchtest du Hörbücher in mehreren Sprachen erstellen? Kein Problem. Möchtest du warm und vertrauensvoll oder dramatisch und erzählerisch klingen? Ganz einfach. Möchtest du Atempausen, Tempo und Emotion passend zur Szene hinzufügen? Diese Plattformen machen es möglich.

Was wirst du also in diesem Buch lernen? Eine Menge.

Du erfährst, wie du die besten KI-Sprachtools auf dem Markt nutzt – und nicht nur, wie du Audio generierst, sondern wie du es professionell und beeindruckend klingen lässt. Du lernst, hochwertige Hörbücher zu produzieren, Voiceovers für YouTube und Podcasts zu erstellen und deine Sprecher-Dienstleistungen auf Freelancer-Plattformen zu verkaufen. Du wirst entdecken, wo du deine Audioinhalte veröffentlichen kannst, um ein globales Publikum zu erreichen – und wie du aus einem einzigen Skript mehrere

Einkommensquellen entwickelst. Vor allem behandeln wir auch die rechtliche Seite: was du mit KI-Stimmen darfst und was nicht, und wie du Urheberrechtsverletzungen oder Plattform-Sperren vermeidest.

Außerdem lernst du, wie du deine Voiceover-Services vermarktest – selbst wenn du noch kein Portfolio und keine Kunden hast. Du wirst Beispiele von Creatorn sehen, die bei null gestartet sind und echtes Online-Einkommen aufgebaut haben. Egal, ob du ein paar hundert Euro im Monat verdienen oder ein vollständiges Audio-Publishing-Business aufbauen möchtest – dieses Buch zeigt dir den Weg.

Für wen ist dieses Buch?

Für den Autor, der ein Buch geschrieben hat, sich aber keinen Sprecher leisten kann. Für den Podcaster, der eine saubere, konsistente Stimme möchte, aber keine Zeit hat, jede Episode selbst aufzunehmen. Für den Freelancer, der Voiceover-Services anbieten möchte, ohne die eigene Stimme zu nutzen. Für den Unternehmer, der nach einem skalierbaren, margenstarken Nebenprojekt mit geringen Fixkosten sucht. Und für absolute Anfänger, die noch nie KI genutzt haben, aber bereit sind, etwas Neues zu starten.

Du brauchst kein Studio. Kein teures Mikrofon. Nicht einmal deine eigene Stimme. Alles, was du brauchst, ist ein Skript, eine Strategie und die Bereitschaft zu lernen. Die Tools, die du in diesem Buch kennenlernst, sind einsteigerfreundlich, erschwinglich und unglaublich leistungsfähig, wenn man sie richtig einsetzt. Sie ermöglichen es jedem – von überall aus – hochwertige Audioinhalte in Rekordzeit zu erstellen und zu verkaufen.

Wir leben in einer Zeit, in der die Fähigkeit zu sprechen, zu lehren oder zu erzählen automatisiert werden kann. Das mag zunächst einschüchternd klingen, ist aber in Wahrheit die größte Chance, die wir je hatten, unsere Ideen, Geschichten und Botschaften zu skalieren. Noch nie war es so einfach, eine Marke, ein Business oder ein kreatives Projekt aufzubauen – allein mit deinen Worten.

Wenn du also jemals davon geträumt hast, ein Hörbuch zu veröffentlichen, einen Podcast zu starten oder mit deiner Stimme Geld zu verdienen – dich aber durch Zeit, Geld oder Selbstvertrauen eingeschränkt gefühlt hast – dann ist jetzt dein Moment.

Über dieses Buch

Wir erleben einen der größten wirtschaftlichen Umbrüche unserer Zeit – und die meisten Menschen merken es nicht einmal. Künstliche Intelligenz ist kein Trend. Kein Schlagwort. Keine vorübergehende Welle. Sie ist eine dauerhafte Evolution darin, wie wir erstellen, kommunizieren und monetarisieren. Und nirgendwo ist dieser Wandel deutlicher – oder profitabler – als in der Welt des Audios.

Dieses Buch existiert, weil gerade jetzt etwas Unglaubliches geschieht: Zum ersten Mal in der Geschichte kann jeder – unabhängig von Erfahrung, Standort oder Budget – einfache Worte in professionelle Audioinhalte verwandeln und dafür bezahlt werden. Das ist mehr als ein Nebenverdienst. Es ist eine Bewegung. Eine Bewegung, in der Text zu Stimme wird, Stimme zu Wert – und Wert zu Einkommen.

Hörbücher und Voiceovers stehen an der Schnittstelle zweier explosiver Trends: dem Aufstieg des passiven Zuhörens und dem Aufstieg zugänglicher KI-Tools. Immer mehr Menschen konsumieren Informationen über ihre Ohren. Ob auf dem Weg zur Arbeit, im Fitnessstudio oder beim Haushalt – Hörer verlangen nach Inhalten, die sie nebenbei aufnehmen können. Und Creator eilen, um diese Nachfrage mit Audioinhalten zu bedienen, die schnell, flexibel und skalierbar sind.

Die traditionellen Gatekeeper der Audioproduktion – Studios, Agenten, Aufnahmeverträge – werden durch Tools ersetzt, die in deinem Browser leben. Du musst kein ausgebildeter Sprecher sein. Du brauchst keine Schnittkenntnisse. Kein teures Equipment. Du brauchst nur eine gute Idee, eine klare

Botschaft und die Tools, die du in diesem Buch kennenlernst. Genau deshalb ist dieses Buch wichtig – weil es dir Zugang zu einer Branche verschafft, die früher ohne Kontakte oder Kapital verschlossen war.

Laut Deloitte soll der globale Hörbuchmarkt bis 2030 die Marke von 35 Milliarden Dollar überschreiten – angetrieben durch jüngere Generationen, mobile Nutzung und steigende Alphabetisierung weltweit. Gleichzeitig florieren Voiceover-Services auf Plattformen wie Upwork, Fiverr und Voices.com. Ein durchschnittlicher Voiceover-Auftrag zahlt zwischen 50 und 500 Dollar – und mit KI kannst du zehn Aufträge in der Zeit erledigen, die ein Mensch für einen benötigt.

Doch das ist erst der Anfang. KI-Sprachcreator monetarisieren heute auf Arten, an die die meisten noch gar nicht denken. Manche verdienen Hunderte Dollar pro Tag, indem sie Blogartikel in erzählte YouTube-Videos verwandeln. Andere erstellen mehrsprachige Versionen ihrer Bücher mit geklonten Stimmen und verkaufen sie international. Coaches und Berater verpacken ihre Inhalte neu – als vertonte Mini-Kurse, Meditationen oder automatisierte E-Mail-Antworten. Dieses Buch zeigt dir nicht nur, wie man Voiceovers erstellt – sondern wie man Systeme aufbaut, die rund um die Uhr laufen.

Das Potenzial hier geht nicht nur ums Geld – sondern um Freiheit. KI-Erzählungen ermöglichen es dir, dich zu vervielfachen. Du kannst an mehreren Orten gleichzeitig präsent sein, deine Geschichte erzählen, dein Wissen teilen und deinem Publikum dienen – selbst wenn du schläfst oder im Urlaub bist. Und weil die Tools automatisiert und skalierbar sind, potenziert sich dein Einsatz mit der Zeit. Das Audio, das du heute produzierst, kann noch Jahre später verkaufen oder Leads generieren.

Dieses Buch handelt auch vom richtigen Zeitpunkt. Wir befinden uns in einem seltenen Zeitfenster – leistungsstarke Tools, aber noch geringe Konkurrenz. Viele Menschen zögern. Sie denken, es sei zu technisch, zu kompliziert, zu gesättigt. Sie verstehen nicht, dass das, was früher ein ganzes Team brauchte, heute in wenigen Stunden mit KI möglich ist. Dieses Zögern ist dein Vorteil. Wenn du jetzt handelst, kannst du dich etablieren, während der Markt noch wächst.

Und dann ist da noch die globale Chance. KI-Sprachtechnologie überwindet Grenzen mühelos. Du kannst ein englisches Skript in Minuten auf Spanisch, Portugiesisch, Hindi oder Mandarin vertonen. Du kannst Hörbücher in Märkten verkaufen, die du nie besucht hast. Du kannst Trainingsmaterialien, Meditations-Apps oder Podcasts in verschiedenen Sprachen anbieten. Du baust nicht nur ein

Audio-Business – du baust ein globales, mehrsprachiges Audio-Imperium.

In diesem Buch findest du keine leeren Versprechen. Du findest Strategien, Tools und Praxisbeispiele, die funktionieren. Egal, ob du Voiceover-Services verkaufen, eigene Hörbücher veröffentlichen, einen faceless Podcast starten oder einfach experimentieren möchtest – du bist hier richtig.

Die Zukunft gehört Creatorn, die neue Tools früh nutzen. Nicht, weil die Tools perfekt sind, sondern weil die Chance es ist. Mit KI lagerst du deine Stimme nicht aus – du skalierst deine Botschaft. Du automatisierst deine Kreativität. Du gewinnst deine Zeit zurück. Und das alles mit minimalen Kosten und unbegrenztem Potenzial.

Dieses Buch zeigt dir, wie du startest, skalierst und im neuen Zeitalter des KI-gestützten Audios erfolgreich wirst. Und wenn du fertig bist, wirst du alles haben, was du brauchst, um deine Worte in Wohlstand zu verwandeln – und deine Stimme in ein Business, das weltweit für dich spricht.

Mach dich bereit. Denn was du gleich lernst, kann dauerhaftes Einkommen, langfristige Freiheit und echten Einfluss schaffen. Und alles beginnt mit einem einfachen Skript.

Kapitel 1: Erste Schritte mit KI-Stimmen

Die Hörbuchbranche boomt, und die KI-Sprachtechnologie ist genau zur richtigen Zeit angekommen. Wenn du gerade erst beginnst, ist es wichtig, das revolutionäre Potenzial KI-generierter Stimmen zu verstehen und zu erkennen, wie du sie nutzen kannst, um Text in Einkommen zu verwandeln. Ob du Hörbücher erstellen, Voiceovers für YouTube produzieren, Kursinhalte vertonen oder Aufträge auf Freelancer-Plattformen verkaufen möchtest – du hast heute Zugang zu Tools, die Mikrofone, Studios oder Stimmtalent überflüssig machen. Dieses Kapitel führt dich durch die grundlegenden Schritte, um deine KI-Sprachreise zu starten und deine Inhalte zu monetarisieren – selbst wenn du noch nie etwas eingesprochen hast.

Beginnen wir damit, was KI-Stimmen eigentlich sind. Im Kern nutzen KI-Sprachtools fortschrittliche Text-to-Speech-Engines (TTS), die auf Deep-Learning-Algorithmen basieren. Diese Engines analysieren Muster menschlicher Sprache und replizieren sie auf eine Weise, die zunehmend kaum noch von echten Stimmen zu unterscheiden ist. Die leistungsstärksten TTS-Plattformen von heute können Tonfall, Emotion, Pausen, Sprechtempo und sogar regionale Akzente simulieren. Anders als die monotone, robotische Stimme älterer Systeme wie Siri oder Alexa können moderne KI-Stimmen ein Hörbuch mit

Emotion vorlesen, Pointen mit perfektem Timing liefern oder natürlich genug klingen, um einen gesamten Podcast zu moderieren.

Es gibt viele KI-Sprachtools auf dem Markt, aber einige stechen durch ihre Kombination aus Realismus, Benutzerkontrolle, Lizenzflexibilität und einfacher Bedienung hervor. Eines der beliebtesten Tools ist ElevenLabs, bekannt für extrem realistische Sprachgenerierung und Emotionssteuerung. Nutzer können aus einer Vielzahl von Stimmen wählen oder eigene Stimmen erstellen, indem sie Sprachproben hochladen. Eine weitere hervorragende Option ist PlayHT, das eine schnelle, intuitive Benutzeroberfläche bietet und mehrere Sprachen sowie Akzente unterstützt – ideal für internationale Projekte oder Inhalte, die in verschiedenen Regionen authentisch wirken sollen. Für Creator, die ein Podcast-ähnliches Bearbeitungserlebnis bevorzugen, bietet Descript das Tool Overdub an. Damit kannst du Sprachaufnahmen generieren und bearbeiten, indem du einfach den Text änderst. Zudem kannst du deine eigene KI-Stimme trainieren, indem du Sprachproben hochlädst, und erhältst so volle kreative Kontrolle.

Sobald du ein Tool ausgewählt hast, beginnt der Aufbau deines ersten Workflows. Halte es am Anfang einfach. Starte mit einem grundlegenden Skript – zum Beispiel einem Blogartikel, einer E-Mail oder einer Produktbeschreibung aus deinem Onlineshop. Kopiere den Text in dein KI-Sprachtool, wähle eine Stimme und höre dir die Vorschau an. Passe bei Bedarf Zeichensetzung oder Formatierung an, um die Betonung zu verbessern. Viele Tools erlauben es dir, Pausen einzufügen oder Emotionen wie „begeistert“, „ruhig“ oder „dramatisch“ zu definieren. Wenn die Stimme natürlich klingt, exportiere die Audiodatei als MP3 oder WAV. Jetzt hast du ein professionelles Voiceover, das du in Videos, Podcasts oder Hörbüchern verwenden kannst. Mit kostenloser Software wie Audacity kannst du Feinschliff vornehmen – oder mit Descript direkt im Skript bearbeiten.

Ein guter Weg, um Fähigkeiten und Selbstvertrauen aufzubauen, ist das Üben mit kurzen Inhalten. Wandle zunächst 30 Sekunden bis eine Minute Text in eine Audiodatei um – etwa ein Zitat, einen kurzen Blogpost oder ein YouTube-Intro. Diese Tests helfen dir, dich mit den Funktionen, Stimmen und Grundlagen der Audiobearbeitung vertraut zu machen. Mit zunehmender Erfahrung kannst du dich an längere Projekte wie komplette Podcast-Episoden, Verkaufsseiten oder Hörbuchkapitel wagen. Mit jedem Projekt verbesserst du dein Gespür für Skriptstruktur, Stimmwahl und Produktionsabläufe.

So groß die Chancen sind, musst du auch die Regeln kennen. Nicht alle Sprachmodelle sind für kommerzielle Nutzung lizenziert, insbesondere nicht in kostenlosen Tarifen. Manche Plattformen verlangen ein Upgrade auf einen kostenpflichtigen Plan, wenn du Inhalte monetarisieren möchtest. Wenn du eine Stimme klonen willst – selbst deine eigene – brauchst du die entsprechenden Rechte und Genehmigungen. Plattformen wie ElevenLabs oder PlayHT haben Einwilligungsformulare und ethische Richtlinien, um Missbrauch zu verhindern. Lies immer die Lizenzbedingungen sorgfältig, bevor du Inhalte veröffentlichst oder verkaufst.

Und wohin kann das führen? Sobald du die Tools beherrschst, kannst du echtes Einkommen generieren. Du kannst Hörbücher über Findaway Voices, ACX oder Spotify for Podcasters veröffentlichen. Du kannst Sprecher-Dienstleistungen auf Fiverr oder Upwork anbieten. Du kannst mit deiner eigenen KI-Stimme Markeninhalte für YouTube oder Online-Kurse erstellen. Der Schlüssel ist, klein zu starten, den Workflow zu meistern und dann zu skalieren. Innerhalb weniger Wochen kann aus einem einfachen Textdokument eine Bibliothek profitabler Audioprodukte werden – ganz ohne Studio.

Nun, da du weißt, wie du mit KI-Stimmen beginnst, schauen wir uns eine reale Geschichte an.

Alex und die Kraft von ElevenLabs

Alex Martinez saß am Rand seines Bettes und starrte auf den leuchtenden Bildschirm seines Laptops. Es war 2:13 Uhr morgens, und er scrollte durch Freelancer-Jobbörsen auf der Suche nach einem Nebenverdienst. Sein Job im Kundenservice deckte kaum die Rechnungen, und sein Traum vom digitalen Unternehmertum schien weiter entfernt denn je. Gerade als er frustriert aufgeben wollte, fiel ihm eine Anzeige auf: „Verwandle Text in Audio. Keine Stimme nötig. Starte mit KI-Hörbüchern & Voiceovers.“ Skeptisch, aber neugierig klickte er darauf.

Die Anzeige führte zu einem kostenlosen Tutorial über ElevenLabs. Mit nur wenigen Klicks könne man realistische Voiceovers für Hörbücher, Kurse oder Marketingvideos erstellen – ganz ohne Mikrofon oder Sprecherfahrung. Alex war schon immer gerne Autor gewesen. Vielleicht konnte er seine alten Blogartikel in Hörbücher verwandeln? Er meldete sich für die kostenlose Testversion an, kopierte einen Blogabschnitt und klickte auf „Generate“.

Was er hörte, ließ ihn erstarren. Die Stimme klang fast menschlich – mit natürlicher Betonung und Emotion. Er bekam Gänsehaut. Innerhalb einer Stunde hatte er eine dreiminütige Probe erstellt, die wie eine professionelle Studioaufnahme klang.

Am nächsten Tag stellte er sein Sample auf Fiverr ein: „Ich vertone dein Skript mit einer professionellen KI-Stimme.“ Preis: 10 Dollar. Innerhalb von 48 Stunden erhielt er drei Aufträge. Ein Kunde fragte sogar nach einem kompletten Hörbuch. Alex war nervös, aber er erinnerte sich an Findaway Voices. Er generierte längere Kapitel, bearbeitete sie in Audacity und lieferte sein erstes Hörbuch. Fünf Sterne. 20 Dollar Trinkgeld.

Motiviert entwickelte er ein System: Morgens schreiben, nachmittags Audio generieren und bearbeiten, abends Kundenkommunikation. Er testete neue Stimmen, optimierte Tempo und Betonung und klonte schließlich sogar seine eigene Stimme für einen Podcast. Bald hatte er über 50 Bewertungen und verdiente mehr mit KI-Voiceovers als mit seinem Vollzeitjob.

Ein besonderer Moment war die Vertonung eines Meditationspodcasts für einen Kunden in Australien. Die Nachricht des Kunden lautete: „Ich kann kaum glauben, dass das KI ist. Es klingt so real.“ Da verstand Alex: Es ging nicht nur ums Geld. Es ging darum, Menschen zu helfen, Geschichten zu erzählen und Wissen zu teilen.

Sechs Monate nach jener schlaflosen Nacht kündigte er seinen Job. Er hatte ein System aufgebaut, das Schreiben in Audio und Audio in Einkommen verwandelte. Und alles begann mit einer Stimme, einem Absatz und einer Entscheidung, es einfach zu versuchen.

Kapitel 2: Die richtigen KI-Sprachtools auswählen

Jetzt, da du das Potenzial der KI-Sprachtechnologie verstehst und weißt, wie du starten kannst, ist es Zeit, die richtigen Tools auszuwählen. Diese Entscheidung beeinflusst die Qualität deiner Audioinhalte, deine Lizenzoptionen, deinen Workflow und letztlich deine Rentabilität. Ob du Hörbücher, Podcasts, Online-Kurse, YouTube-Vertonungen oder Freelancer-Voiceover-Aufträge erstellst – das passende KI-Sprachtool spart dir Zeit, verbessert deine Klangqualität und hilft dir, eine nachhaltige Einkommensquelle aufzubauen.

Der erste Faktor ist die Sprachqualität. Die Natürlichkeit der generierten Stimme ist der offensichtlichste Unterschied zwischen den Tools. Manche kostenlosen Text-to-Speech-Programme klingen immer noch robotisch oder emotionslos. Du brauchst Stimmen, die Tonfall, Emotion und Gesprächsfluss vermitteln. Plattformen wie ElevenLabs, PlayHT, LOVO AI und Descript bieten nahezu menschliche Stimmen mit einstellbarer Tonhöhe, Sprechtempo, Betonung und Emotion. Diese Stimmen können Produkte verkaufen, Aufmerksamkeit halten und lange Inhalte überzeugend präsentieren, ohne künstlich zu wirken.

Zweitens solltest du die Einsatzkompatibilität berücksichtigen. Unterschiedliche Tools sind für unterschiedliche Projekte optimiert. Descript ist ideal für Podcasts und Video-Voiceovers, da du Audio durch einfache Textbearbeitung ändern kannst. Es entfernt sogar automatisch Füllwörter, Hintergrundgeräusche und Pausen. ElevenLabs eignet sich hervorragend für lange Hörbücher oder Storytelling, dank seiner Emotionssteuerung und realistischen Wiedergabe. PlayHT ist besonders stark bei mehrsprachigen Inhalten und schnellen Projekten – mit über 800 Stimmen in mehr als 130 Sprachen und Dialekten ist es perfekt für ein globales Publikum.

Der dritte wichtige Faktor sind Lizenzierung und kommerzielle Rechte. Nicht alle Tools erlauben die kommerzielle Nutzung in kostenlosen Tarifen. Wenn du Hörbücher auf Audible veröffentlichen, Voiceover-Aufträge auf Fiverr verkaufen oder KI-Stimmen in monetarisierten YouTube-Videos einsetzen möchtest, musst du die Nutzungsbedingungen prüfen. PlayHT Pro und ElevenLabs Creator bieten beispielsweise lizenzfreie Nutzung – aber nur in kostenpflichtigen Plänen. Die kommerzielle Nutzung kostenloser Versionen kann zu Urheberrechtsproblemen oder sogar Plattform-Sperren führen.

Ein weiterer Punkt ist die Anpassung und das Klonen von Stimmen. Tools wie Murf.ai und ElevenLabs ermöglichen es, deine eigene Stimme durch Hochladen von Sprachproben zu klonen. So kannst du deine Markenstimme generieren, ohne jedes Wort selbst aufzunehmen. Für Unternehmer, Coaches und Creator ist das eine mächtige Möglichkeit, konsistente Inhalte zu erstellen. Allerdings erfordert Voice-Cloning meist ein Premium-Abonnement und eine Verifizierung der Stimmrechte aus ethischen Gründen.

Auch die Integration in deinen Workflow ist entscheidend. Achte darauf, dass das Tool in deine bestehende Produktionskette passt. Wenn du mit Canva, Premiere Pro oder Final Cut arbeitest, prüfe, ob einfache Exporte oder Plugins verfügbar sind. Für E-Learning oder Hörbücher sind Funktionen wie Batch-Verarbeitung, Kapitel-Export oder Massen-Generierung hilfreich. Tools wie Speechelo oder Synthesys bieten einfache Video-Exporte, während Descript mit Timeline- und Mehrspur-Editing professionellere Ergebnisse ermöglicht.

Der Preis ist schließlich oft der ausschlaggebende Faktor. Die meisten Plattformen arbeiten mit einem Freemium-Modell: Basisfunktionen kostenlos, professionelle Nutzung gegen Abo. Starter-Tarife liegen meist zwischen 9 und 29 Dollar pro Monat, Premium-Pläne können 99 Dollar oder mehr kosten.

Teste mehrere Plattformen und vergleiche die Ergebnisse. Kleine Unterschiede in Qualität oder Bedienung können entscheidend sein, wenn du Kundenaufträge ablieferst oder hochwertige Hörbücher produzierst.

Zusammengefasst solltest du dir folgende Fragen stellen: Brauche ich emotionale Tiefe? Produziere ich kurze Videos oder lange Hörbücher? Benötige ich mehrere Sprachen? Plane ich kommerzielle Nutzung? Möchte ich meine eigene Stimme klonen? Und passt das Tool in mein bestehendes System? Deine Antworten führen dich zur richtigen Plattform.

Im nächsten Kapitel gehen wir Schritt für Schritt durch die praktische Anwendung deines gewählten Tools – vom Schreiben des Skripts bis zur finalen Audiobearbeitung. Doch zuvor folgt eine Geschichte von jemandem, der mehrere Tools getestet, Fehler gemacht und schließlich die perfekte Stimme gefunden hat.

Kein Mikro, kein Studio

Jasmine Patel hatte immer davon geträumt, Geschichtenerzählerin zu werden. Ihre Notizbücher waren voller Kurzgeschichten, Gedichte und Romanfragmente, die sie nie veröffentlichte. Zwischen Buchladen, zwei Kindern und Rechnungen blieb ihre Kreativität verborgen. Bis sie eines Abends auf Reddit auf einen Thread stieß: „Ich habe meine

Kurzgeschichte mit KI in ein Hörbuch verwandelt – kein Mikro, kein Studio.“

Neugierig klickte sie. Das verlinkte Audiobeispiel – erstellt mit ElevenLabs – ließ sie staunen. Eine warme, ausdrucksstarke Stimme erzählte von einer postapokalyptischen Welt mit beeindruckender Klarheit. „Das ist KI?“ flüsterte sie ungläubig.

Am nächsten Abend testete sie selbst verschiedene Tools. Ein kostenloses Webtool klang hohl und robotisch. PlayHT beeindruckte mit Vielfalt und Geschwindigkeit, wirkte aber bei emotionalen Wendungen zu flach. Dann probierte sie ElevenLabs. Sie wählte „Female – Calm & Expressive“ und generierte ihr erstes Sample. Die Pausen waren natürlich, die Emotion spürbar. „Das ist es“, sagte sie leise.

In den folgenden Nächten testete sie Stimmen für verschiedene Genres: tiefe Männerstimmen für Thriller, helle Stimmen für Kinderbücher. Sie experimentierte sogar mit einer geklonten Version ihrer eigenen Stimme. Es war surreal, sich selbst erzählen zu hören, ohne gesprochen zu haben.

Bald veröffentlichte sie ihr erstes KI-narratives Hörbuch auf Findaway Voices. Dann ein weiteres. Und schließlich einen fiktionalen Podcast mit KI-Stimmen. Sie nannte sich „New-Age-Storyteller powered by AI“.

Sechs Monate später hatten ihre Werke Tausende Hörer. Fans schrieben ihr Nachrichten. Ein Hörer aus Deutschland schrieb: „Deine Geschichten haben mich durch eine schwere Zeit getragen. Die Stimmen klingen so real.“ Jasmine weinte vor Rührung.

Was mit einem Reddit-Thread begann, wurde zur Karriere – nicht wegen teurer Technik, sondern wegen des richtigen Tools und dem Mut, es zu versuchen.

Kapitel 3: Hörbücher Schritt für Schritt erstellen

Ein Hörbuch mit KI zu erstellen klingt vielleicht technisch anspruchsvoll, doch in Wirklichkeit wurde der Prozess so stark vereinfacht, dass jeder mit einem Computer und Internetzugang es schaffen kann. In diesem Kapitel gehen wir Schritt für Schritt durch den gesamten Ablauf – von der Skriptvorbereitung über die Stimmgenerierung, Bearbeitung, das Mastering bis hin zur Veröffentlichung. Egal, ob du dein eigenes Buch vertonst oder Inhalte für andere als Dienstleistung produzierst: Mit diesem Prozess verwandelst du reinen Text in ein professionelles Audioprodukt, das du monetarisieren oder über Plattformen wie Findaway Voices, Audible oder deine eigene Website vertreiben kannst.

Schritt eins ist die Vorbereitung des Skripts. Wenn du bereits ein Buch oder E-Book geschrieben hast, ist dieser Schritt relativ einfach. Dennoch ist es entscheidend, den Text für das Audioformat anzupassen. Geschriebener Text klingt nicht immer gut, wenn er vorgelesen wird. Lange Absätze, komplizierte Satzstrukturen oder zu formelle Sprache können im Audio unnatürlich wirken. Teile deinen Text in kürzere, natürlich klingende Sätze. Füge sinnvolle Pausen ein, nutze klare Übergänge und passe die Grammatik dem gesprochenen

Rhythmus an. Der Hörer soll das Gefühl haben, angesprochen zu werden – nicht ein Lehrbuch vorgelesen zu bekommen.

Der nächste Schritt ist die Auswahl der Stimme und die Generierung der Aufnahme mit deinem KI-Tool. Wähle eine Stimme, die zum Ton und zur Zielgruppe deines Hörbuchs passt. Für Belletristik empfiehlt sich eine Stimme mit emotionaler Bandbreite. Für Sachbücher sind Klarheit, Selbstbewusstsein und Wärme entscheidend. Die meisten Plattformen bieten Vorschaufunktionen, mit denen du verschiedene Stimmen testen kannst. Bei Geschichten mit mehreren Charakteren kannst du unterschiedliche Stimmen einsetzen. Tools wie ElevenLabs oder Murf AI ermöglichen sogar mehrere Stimmen innerhalb einer Datei. Weise einzelnen Abschnitten oder Figuren unterschiedliche Stimmen zu und passe Emotion oder Tempo an.

Sobald die Einstellungen festgelegt sind, teile dein Buch in überschaubare Abschnitte auf. Erstelle die Audiodateien kapitelweise oder in Unterkapiteln, um große Dateien zu vermeiden und die Bearbeitung zu erleichtern. Generiere jeden Abschnitt einzeln und höre genau hin: Gibt es Aussprachefehler, unnatürliche Pausen oder Störgeräusche? Falls nötig, passe die Zeichensetzung im Skript an, um bessere Pausen zu erzwingen. Wenn alles stimmig klingt, exportiere die Datei als MP3 oder WAV.

Danach folgt die Bearbeitung und das Mastering. Hier wird die Rohaufnahme professionell verfeinert. Mit Descript kannst du direkt im Text Änderungen vornehmen und Füllwörter entfernen. Für präzisere Bearbeitung eignen sich Audacity (kostenlos) oder Adobe Audition (kostenpflichtig). Entferne eventuelles Rauschen, gleiche die Lautstärke zwischen den Kapiteln aus und füge leichte Kompression hinzu, damit der Klang voller und gleichmäßiger wirkt. Achte darauf, alle Kapitel auf ein einheitliches Lautstärkeniveau zu normalisieren – meist zwischen -18 und -20 LUFS für Hörbücher – um Lautstärkesprünge zu vermeiden.

Anschließend organisierst du deine Kapitel in einem nummerierten Ordner und versiehst jede Datei mit Metadaten: Kapitelname, Buchtitel, Autor, Sprecher und Dateinummer. Diese Informationen sind wichtig für Plattformen wie Findaway Voices oder ACX. Außerdem benötigst du ein quadratisches Cover (2400x2400 Pixel), eine Beschreibung, Autoren- und Sprecherbiografie sowie die Bestätigung der Rechteinhaberschaft. Wenn du unter deinem Namen veröffentlichst, bestätigst du, dass du alle Inhalte und die verwendeten Stimmen kommerziell nutzen darfst.

Der letzte Schritt ist das Hochladen und Veröffentlichen. Plattformen wie Findaway Voices ermöglichen das Hochladen aller Kapitel, das Hinzufügen von Metadaten und die Auswahl von Vertriebspartnern wie Audible, Spotify oder Apple Books. Du legst den Verkaufspreis fest, bestimmst die Lizenzoptionen und wählst die Stores aus. Die Prüfung dauert meist 5–10 Werktage. Nach der Veröffentlichung kannst du dein Hörbuch über Social Media, Newsletter oder bezahlte Werbung bewerben. Je nach Plattform erhältst du etwa 40–50 % Tantiemen pro Verkauf.

Die Erstellung von Hörbüchern mit KI ist nicht nur eine spannende Technologie – sie ist eine echte Geschäftschance. Mit dem richtigen Workflow kannst du Bücher, Blogs oder Artikel in langfristige Einkommensquellen verwandeln. Im nächsten Kapitel schauen wir uns an, wie du Voiceover-Dienstleistungen für Kunden anbietest. Doch zuerst eine Geschichte aus der Praxis.

Rebeccas Geschichte

Rebecca Lin hatte ihren Blog seit fast drei Jahren nicht mehr aktualisiert. Einst ein leidenschaftliches Projekt, war er im Alltag als Marketingmanagerin in den Hintergrund geraten. Als ihr Arbeitgeber während einer Wirtschaftsflaute Stellen abbauen musste, verlor sie ihren Job. Sie tippte in die Suchleiste: „Wie kann man mit bestehenden Inhalten Geld verdienen?" Ein Video sprang ins Auge: „Verwandle alte Blogposts mit KI in Hörbücher."

Neugierig öffnete sie ihr Blogarchiv. Dutzende ausführliche Artikel über Persönlichkeitsentwicklung und Achtsamkeit. Sie kopierte ihren beliebtesten Beitrag, passte ihn für das Audioformat an und testete ElevenLabs. Nach einigen Stimmtests wählte sie eine ruhige, warme Erzählerstimme. Als sie auf „Generate“ klickte, war sie überwältigt. Die Stimme verlieh ihren Worten neue Kraft.

Sie teilte den Artikel in drei Teile, generierte die Audiodateien, lud Audacity herunter und fügte alles zusammen. Ihr erstes Hörbuchkapitel war geboren. Motiviert verwandelte sie zehn Blogposts in ein vollständiges Hörbuch. Sie gestaltete ein minimalistisches Cover in Canva, schrieb eine emotionale Beschreibung und lud alles auf Findaway Voices hoch.

Eine Woche später war ihr Hörbuch live – auf Spotify, Audible und weiteren Plattformen. Sie teilte den Link auf Social Media und in ihrem Newsletter. In den ersten zwei Tagen verkaufte sie 22 Exemplare. Eine Woche später 40. Die ersten Rezensionen kamen: „Beruhigende Stimme und hilfreiche Tipps.“ Rebecca erkannte, dass ihre alten Inhalte neues Leben bekommen hatten.

Innerhalb eines Quartals veröffentlichte sie vier Hörbücher, die jeweils einige hundert Dollar im Monat einbrachten. Es war kein Vermögen, aber stetig wachsend – und es gab ihr in einer unsicheren Zeit kreative Erfüllung.

Am meisten beeindruckte sie, wie niedrig die Einstiegshürde war. Kein Studio. Kein Sprechertraining. Kein Team. Nur ihre Worte und die richtigen KI-Tools. Ihr alter Blog wurde zu einer Hörbuchreihe über persönliche Entwicklung – und Menschen hörten zu.

Eines Abends erhielt sie eine E-Mail aus Kanada: „Danke für deine Worte. Dein Buch kam genau zur richtigen Zeit." Rebecca lächelte. Sie erstellte nicht nur Hörbücher. Sie inspirierte – Kapitel für Kapitel.

Kapitel 4: KI-Voice-Services als Freelancer verkaufen

Jetzt, da du gelernt hast, wie man hochwertige Voiceovers und Hörbücher mit KI erstellt, ist es Zeit, diese Fähigkeiten in Einkommen zu verwandeln. Freelancing mit KI-Sprachtools gehört zu den schnellsten und kostengünstigsten Möglichkeiten, online Geld zu verdienen. Du musst nicht ins Mikrofon sprechen, kein Studio buchen und brauchst keine jahrelange Sprechererfahrung. Mit der richtigen Positionierung, überzeugenden Arbeitsproben und den passenden Plattformen kannst du noch heute KI-Voice-Services anbieten – und bereits diese Woche erste Kunden gewinnen. In diesem Kapitel erfährst du alles Wichtige: Plattformen, Preisgestaltung, Profilaufbau, Lieferprozesse und Skalierung.

Beginne mit der Wahl deiner Nische. KI-Stimmen sind vielseitig, doch Spezialisierung erhöht deine Erfolgschancen. Beliebte Bereiche sind YouTube-Voiceovers, Podcast-Intros, Meditationsskripte, Hörbuch-Narration, Erklärvideo-Vertonung, Online-Kurse, Voicemail-Systeme oder Radiowerbung. Überlege dir, welchen Ton und Stil du anbieten möchtest: ruhig und entspannend, professionell und seriös, energiegeladen und dynamisch? Deine Nische bestimmt deine Vermarktung und die Art deiner Arbeitsproben.

Als Nächstes erstellst du ein Portfolio. Auch ohne echte Kunden kannst du Demo-Projekte produzieren. Vertone ein fiktives Werbeskript, ein Motivationszitat, einen kurzen Story-Ausschnitt oder eine Kurs-Einleitung. Nutze dein KI-Tool, generiere saubere Audio-Clips und stelle drei bis fünf Beispiele à 30–90 Sekunden zusammen. Lade sie auf SoundCloud, Google Drive hoch oder integriere sie in dein Freelancer-Profil.

Dann richtest du deine Profile auf Plattformen ein. Besonders geeignet sind Fiverr, Upwork, Freelancer.com und PeoplePerHour. Fiverr ist ideal für Einsteiger, da du mit günstigen Preisen schneller Sichtbarkeit bekommst. Upwork bietet oft höher bezahlte, langfristige Projekte, erfordert jedoch überzeugende Bewerbungen. Erstelle auf Fiverr einen Titel wie: „Ich erstelle professionelle KI-Voiceovers für Videos und Hörbücher." Nutze Keywords wie „Voiceover", „Hörbuch", „Narration" oder „AI Voice". Lade deine Demos hoch, schreibe eine klare Beschreibung und biete Pakete (Basic, Standard, Premium) basierend auf Wortanzahl oder Lieferzeit an.

Zur Preisgestaltung: Ein guter Einstieg sind 10–20 € für bis zu 100 Wörter, 30–50 € für 500 Wörter und 75–100 € oder mehr für längere Skripte oder kommerzielle Nutzung. Biete Express-Lieferung gegen Aufpreis an, gewähre eine Revision als Bonus und verkaufe Extras wie Hintergrundmusik oder Skriptkorrektur. Professionelle Kommunikation, pünktliche Lieferung und Qualität sorgen für Stammkunden und 5-Sterne-Bewertungen.

Sobald Aufträge steigen, beginne mit Systematisierung. Nutze gespeicherte Stimm- und Template-Einstellungen, arbeite mit Tabellen oder einem kostenlosen CRM zur Organisation von Deadlines und Revisionen. Erstelle Vorlagen für Antworten, Angebotsnachrichten und Liefertexte. Wenn das Volumen wächst, kannst du Aufgaben wie Skriptformatierung oder Audio-Feinschliff auslagern, um dich auf Vertrieb und Kundenpflege zu konzentrieren.

Auch aktive Promotion beschleunigt dein Wachstum. Teile deine Fiverr-Links auf Social Media, LinkedIn oder in Creator-Foren. Erstelle TikTok-Clips mit deinen KI-Demos. Kontaktiere YouTuber oder Kursanbieter und biete kostenlose Proben im Austausch gegen Testimonials an. Viele Content-Creator suchen professionelle Stimmen, ohne selbst aufnehmen zu müssen.

Freelancing mit KI-Stimmen ist nicht nur Einkommensquelle – es kann zum Sprungbrett für größere Projekte werden. Mit wachsender Kundschaft kannst du Hörbuchproduktionen übernehmen, eigene KI-Audio-Produkte lizenzieren oder sogar eine kleine Agentur aufbauen. Die Nachfrage nach Audio ist riesig – und mit KI bist du nicht durch deine eigene Stimme begrenzt.

Daniel und die KI-Voiceovers

Daniel Cruz war 21, Studienabbrecher, arbeitslos – mit Laptop und fast leerem Konto. Er wollte kein klassisches 9-to-5-Leben. Beim Scrollen auf YouTube entdeckte er ein Video: „100 $ pro Tag mit KI-Voiceovers auf Fiverr." Skeptisch, aber neugierig probierte er es aus.

Er meldete sich bei ElevenLabs an, erstellte ein Fiverr-Profil und produzierte ein Demo mit einem motivierenden Werbeskript. Die Stimme klang erstaunlich professionell. Er stellte sein Gig online: „Ich erstelle professionelle KI-Voiceovers für YouTube oder Hörbücher." Preis: 15 €, Lieferung in 24 Stunden.

Drei Tage lang passierte nichts. Dann kam die erste Bestellung: ein 60-Sekunden-YouTube-Intro. Daniel lieferte innerhalb von sechs Stunden. 5-Sterne-Bewertung. Danach folgten weitere Aufträge. Innerhalb eines Monats hatte er 40 Bestellungen abgeschlossen.

Er erweiterte seine Angebote: Hörbuch-Narration, Podcast-Intros, Meditationsstimmen. Er bot Express-Lieferung, kommerzielle Rechte und Hintergrundmusik an. Mit den Einnahmen wechselte er zu einem Premium-Plan und investierte in bessere Bearbeitungstools.

Bald kamen Stammkunden: ein Meditations-Coach aus Bali, ein Finanz-YouTube-Kanal, eine Autorin mit vier Büchern. Als ein Kunde nach mehrsprachigen Voiceovers fragte, ergänzte Daniel PlayHT für Spanisch, Portugiesisch und Französisch. Sein Einkommen verdoppelte sich auf 3.000 € im Monat.

Später baute er ein kleines Team für Schnitt und Skriptbearbeitung auf und gründete eine KI-Voice-Agentur. Er startete sogar einen YouTube-Kanal, um anderen den Einstieg zu zeigen.

Rückblickend sagte Daniel oft: „Ich hätte nie gedacht, dass ich Geld verdiene, ohne selbst zu sprechen." Doch in Wahrheit sprach er viel – durch Technologie, Kreativität und Ausdauer. Und mit jedem Auftrag bewies er, dass die Stimme der Zukunft nicht aus dem Kehlkopf kommen muss – sondern aus deiner Vision.

Kapitel 5: Podcasts, Kurse und YouTube mit KI-Stimmen monetarisieren

Über Hörbücher und Freelancer-Dienstleistungen hinaus gehört die Erstellung und Monetarisierung eigener Inhalte zu den lukrativsten Einsatzmöglichkeiten von KI-Sprachtechnologie — insbesondere bei Podcasts, Online-Kursen und YouTube-Videos. Jede dieser Plattformen bietet skalierbare und wiederholbare Chancen, passives oder wiederkehrendes Einkommen mit sprachbasierten Inhalten zu erzielen. Du brauchst kein teures Studio oder High-End-Equipment mehr, um eine Marke aufzubauen. Mit KI genügen ein Skript, die passende Stimme und eine klare Monetarisierungsstrategie. Dieses Kapitel zeigt dir, wie du KI-Narration in Inhalte verwandelst, die dir langfristig Einkommen bringen.

Beginnen wir mit Podcasts. Podcasts sind populärer denn je, und täglich kommen neue Creator hinzu. Mit KI-Stimmen kannst du einen Solo-Podcast in jeder Nische starten — selbst wenn du deine eigene Stimme nicht magst oder anonym bleiben willst. Wähle ein Thema, für das du brennst: Persönlichkeitsentwicklung, Unternehmertum, Storytelling, Finanzen, Beziehungen oder KI selbst. Schreibe 5–10-minütige Skripte pro Episode. Nutze eine konsistente

KI-Stimme, um Wiedererkennungswert aufzubauen, und produziere deine Episoden wöchentlich oder im Batch.

Veröffentlichen kannst du über Plattformen wie Spotify for Podcasters, Buzzsprout, Podbean oder Anchor. Diese verteilen deinen Podcast an Spotify, Apple Podcasts und weitere Anbieter. Monetarisierung erfolgt über Sponsoren, Affiliate-Links in den Shownotes, Spenden über Buy Me a Coffee oder eigene digitale Produkte. Mit wachsender Hörerschaft wird deine KI-Stimme zur verlässlichen „Moderatorin" – und dein Einkommen wächst mit jeder Episode.

Als Nächstes kommen Online-Kurse. E-Learning ist ein Milliardenmarkt, und Creator verdienen viel Geld mit dem Teilen ihres Wissens. Mit KI-Stimmen kannst du hochwertige vertonte Lektionen erstellen, ohne dich selbst aufzunehmen. Wähle ein Kursthema, teile es in Module auf und schreibe klare Lektionstexte. Nutze KI für die Vertonung und kombiniere sie mit Slides aus Canva oder PowerPoint. Exportiere alles als Video mit Tools wie Pictory, Synthesia oder Lumen5.

Lade deine Kurse auf Plattformen wie Udemy, Teachable, Thinkific oder Skool hoch. Alternativ kannst du sie über Gumroad oder Podia direkt verkaufen. Preise zwischen 10 €

und 500 € sind je nach Mehrwert möglich. Ergänze KI-generierte Quizfragen oder Zusammenfassungen für mehr Engagement. Ziel ist es, dein Kursangebot so zu strukturieren, dass es automatisiert läuft und langfristig Einnahmen generiert.

YouTube ist eine weitere starke Plattform für Markenaufbau und passives Einkommen. Mit KI-Stimmen kannst du „faceless" Videos produzieren, die Werbeeinnahmen, Affiliate-Provisionen und Produktverkäufe generieren. Wähle eine Nische wie Produktivität, Finanzen oder Top-10-Listen. Schreibe Skripte für 3–10-minütige Videos. Vertone sie mit Tools wie ElevenLabs oder PlayHT und füge visuelle Elemente über Pictory, InVideo oder Canva Pro hinzu.

Veröffentliche regelmäßig und optimiere Titel, Thumbnails und Beschreibungen. Monetarisierung erfolgt über YouTube AdSense (ab 1.000 Abonnenten und 4.000 Stunden Wiedergabezeit) sowie Affiliate-Links oder eigene Produkte. Zusätzlich kannst du Mitgliedschaften oder digitale Downloads über Patreon oder Ko-fi anbieten.

Die Stärke von KI-Voice-Content liegt in seiner Skalierbarkeit. Du kannst schneller produzieren, Formate testen und mehrere Einkommensströme aufbauen – ohne auszubrennen. Beginne mit einer Episode, Lektion oder einem Video pro Woche.

Konzentriere dich auf Qualität und Strategie, während die KI die Stimme übernimmt.

Chloes Geschichte

Chloe Nguyen mochte es nie, vor der Kamera zu stehen. Sie war nicht schüchtern – sie schätzte nur ihre Privatsphäre. Während Freunde TikToks drehten, schrieb Chloe lieber. Doch sie wollte ein skalierbares Online-Business aufbauen. Eines Abends entdeckte sie einen YouTube-Kanal über „Faceless Creators“, die KI-Stimmen nutzen. Sie beschloss, es zu versuchen.

Sie startete mit einem Podcast über mentale Gesundheit. Ein 500-Wörter-Skript über „Negatives Selbstgespräch überwinden“ wurde mit einer ruhigen KI-Stimme vertont. Sie fügte sanfte Hintergrundmusik hinzu und veröffentlichte die Episode auf Spotify. Keine Fotos, kein Gesicht – nur Worte und eine digitale Stimme. Erste Hörer reagierten positiv. Eine Nachricht lautete: „Deine Stimme fühlt sich wie eine Umarmung an.“ Chloe lächelte – die Stimme war KI, aber die Botschaft war ihre eigene.

Ermutigt produzierte sie weitere Episoden. Nach einigen Wochen baute sie ein kleines Publikum auf. Über Ko-fi erhielt sie Spenden. Eine Hörerin fragte nach einem Kurs. Chloe entwickelte „Reprogram Your Mindset in 10 Days“, vertonte die Lektionen mit KI und verkaufte den Kurs für 29 €. Die Verkäufe stiegen, sie erhöhte den Preis auf 49 € und fügte eine KI-vertone Meditation hinzu.

Dann startete sie einen YouTube-Kanal. Mit Pictory erstellte sie Videos aus ihren Skripten und veröffentlichte wöchentlich Inhalte zu Motivation und Achtsamkeit. Nach sechs Monaten erreichte sie die Monetarisierungsschwelle.

Heute verdient Chloe passives Einkommen aus Podcast-Spenden, Kursverkäufen und YouTube-Werbung. Sie hat ihr Gesicht nie gezeigt. Doch ihre individuell angepasste KI-Stimme wird von Tausenden erkannt. Chloe bewies: Im KI-Zeitalter braucht man keine Kamera oder Rampenlicht. Man braucht nur eine Botschaft – und die richtigen Tools, um ihr eine Stimme zu geben.

Kapitel 6: Ein passives Einkommenssystem mit Voice-Content aufbauen

Jetzt, da du mit KI-Stimmen Inhalte erstellt und verschiedene Monetarisierungswege kennengelernt hast, ist es Zeit, alles in ein echtes passives Einkommenssystem zu verwandeln. Ein passives Einkommenssystem besteht aus automatisierten oder teilautomatisierten Prozessen, die kontinuierlich Einnahmen generieren, ohne dass du täglich aktiv eingreifen musst. Anstatt ständig neue Kunden zu jagen oder Einzelaufträge anzunehmen, erstellst du Inhalte einmal – und verdienst langfristig daran. In diesem Kapitel zeige ich dir, wie du deine KI-Voice-Inhalte in eine skalierbare Einkommensmaschine verwandelst.

Die Grundlage eines passiven Systems ist Content-Multiplikation. Ein einziges Skript kann mehrere Einnahmequellen speisen. Angenommen, du schreibst einen 10-seitigen Leitfaden über Produktivität. Du kannst ihn mit einer KI-Stimme vertonen und als Hörbuch veröffentlichen. Danach teilst du denselben Text in fünf Podcast-Episoden auf. Anschließend verwandelst du ihn in einen Mini-Onlinekurs. Schließlich erstellst du daraus mehrere faceless YouTube-Videos. Aus einem Skript entstehen vier Produkte auf vier Plattformen – alle monetarisierbar. Das ist Hebelwirkung.

Der zweite Baustein ist Automatisierung. Nutze KI, um Schreiben, Bearbeiten und Veröffentlichen zu beschleunigen. Tools wie ChatGPT helfen bei Skripten und Gliederungen. ElevenLabs generiert deine Audios. Video-Tools wie Pictory oder InVideo kombinieren Bild und Ton. Mit Zapier oder Make.com kannst du Veröffentlichungen automatisieren – etwa indem ein neuer Podcast automatisch Social-Media-Posts oder Newsletter auslöst. Ziel ist Konsistenz ohne manuellen Aufwand.

Als Nächstes brauchst du einen zentralen Content-Hub. Das kann eine einfache Website, ein Blog oder eine Link-in-Bio-Seite sein. Dort bündelst du deine Hörbücher, Podcasts, YouTube-Videos und Kurse. Ergänze E-Mail-Opt-ins, um eine Liste aufzubauen. Deine E-Mail-Liste wird zum Kern deines Systems – sie informiert über neue Inhalte und verkauft deine Produkte automatisch. Mit der Zeit wird dein Hub zur zentralen Plattform, während deine Inhalte im Hintergrund Einnahmen generieren.

Ein weiterer entscheidender Punkt ist wiederkehrende Monetarisierung. Einmalige Verkäufe sind gut – Abos, Affiliate-Einnahmen und Werbeerträge sind besser. Du kannst

Premium-Podcasts anbieten, Mitgliedschaften starten oder Affiliate-Links für empfohlene Tools nutzen. YouTube-Werbung und Spotify-Monetarisierung wachsen mit deinem Publikum. So wird deine KI-Stimme zu einem 24/7-Verkäufer.

Vergiss nicht die Promotion-Systeme. Auch passiver Content braucht Sichtbarkeit. Plane regelmäßige Kurzclips für Instagram, TikTok oder YouTube Shorts. Nutze Zitate aus deinem Podcast als Social-Posts. Baue Kooperationen auf. Setze klare Call-to-Actions. Mit der Zeit entsteht ein Kreislauf: Content zieht Aufmerksamkeit an, Aufmerksamkeit erzeugt Verkäufe, Verkäufe finanzieren neuen Content.

Der letzte Schritt ist Optimierung. Analysiere Daten von YouTube, Spotify oder deiner Verkaufsplattform. Finde heraus, welche Themen, Titel oder Thumbnails am besten funktionieren. Teste verschiedene Stimmen oder Stile. Nach 6–12 Monaten hast du eine wachsende Content-Bibliothek, die stabile monatliche Einnahmen erzeugt.

Leos Geschichte

Leo Ramirez war früher IT-Analyst und liebte Automatisierung. Nach einer Kündigung wollte er nicht wieder Zeit gegen Geld tauschen. Stattdessen entwickelte er ein System. Er schrieb einen 2.000-Wörter-Guide über

Zeitmanagement, nutzte ChatGPT zur Optimierung und generierte die Vertonung mit ElevenLabs. Daraus machte er einen Podcast, ein YouTube-Video und einen Mini-Kurs.

Innerhalb einer Woche hatte er mehrere Produkte live. Doch sein eigentlicher Vorteil war Systemdenken. Er erstellte ein Dashboard zur Verwaltung aller Inhalte, richtete Automatisierungen ein und baute eine einfache Website als Hub. Mit Vorlagen für Skripte und Thumbnails konnte er schnell neue Inhalte produzieren.

Nach einem Monat hatte er fünf Mini-Kurse, zwölf Podcast-Episoden und zehn YouTube-Videos. Erste Verkäufe kamen rein. In den nächsten Monaten wiederholte er das System in weiteren Nischen. Seine E-Mail-Liste wuchs, YouTube wurde monetarisiert, Kurse verkauften sich regelmäßig.

Nach sechs Monaten verdiente Leo über 4.000 € pro Monat – ohne Kunden, ohne Calls, ohne individuelle Aufträge. Nur durch Systeme, Inhalte und KI-Stimmen.

Leo sagte oft: „Einmal bauen, für immer verkaufen.“ Genau das ist die Kraft eines passiven Voice-Systems.

Kapitel 7: Skalieren mit Voice-Cloning, mehrsprachigen Inhalten und Lizenzierung

Sobald du deine ersten KI-narrativen Produkte erstellt und ein passives Einkommenssystem aufgebaut hast, ist der nächste logische Schritt die Skalierung. Skalieren bedeutet, mehr Menschen zu erreichen, deine Content-Produktion zu erhöhen und deine Einkommensquellen zu vervielfachen – ohne proportional mehr Zeit zu investieren. Drei besonders starke Strategien helfen dir dabei: Voice-Cloning, mehrsprachige Inhalte und die Lizenzierung deiner Audio-Assets. Diese Techniken verwandeln dich von einem einzelnen Creator in eine skalierbare, voice-getriebene Marke.

Beginnen wir mit Voice-Cloning. Voice-Cloning ermöglicht es dir, ein individuelles KI-Stimmenmodell auf Basis einer echten Stimme zu erstellen. Plattformen wie ElevenLabs, PlayHT oder Resemble AI bieten diese Funktion mittlerweile an. Du lädst Sprachproben hoch, und das System lernt Tonfall, Rhythmus und Betonung. Das Ergebnis ist eine digitale Version deiner Stimme – oder einer anderen Stimme, sofern du die rechtliche Erlaubnis hast.

Der große Vorteil liegt in der Marken-Konsistenz. Wenn du eine persönliche Marke aufbaust – beispielsweise für YouTube, Podcasts oder Hörbücher – kannst du eine einzigartige, wiedererkennbare Stimme verwenden, ohne ständig selbst aufnehmen zu müssen. Du produzierst Inhalte schneller, bleibst konsistent und stärkst deinen Wiedererkennungswert. Wichtig ist dabei die ethische Nutzung: Niemals eine Stimme ohne ausdrückliche Zustimmung klonen und immer die Plattform-Richtlinien beachten.

Voice-Cloning eröffnet auch kreative Möglichkeiten. Du kannst unterschiedliche Marken-Stimmen entwickeln: eine ruhige Stimme für Meditationen, eine energiegeladene für Business-Inhalte, eine warme Erzählerstimme für Kinderbücher. Dadurch entsteht Tiefe, Vielfalt und emotionale Bindung.

Die zweite Skalierungsstrategie ist mehrsprachiger Content. KI-Tools ermöglichen realistische Vertonungen in Dutzenden oder sogar über 100 Sprachen. Das bedeutet: Deine Inhalte sind nicht mehr auf ein Land beschränkt. Mit Übersetzungstools wie DeepL kannst du dein Skript in andere Sprachen übertragen und anschließend mit einer nativen KI-Stimme vertonen.

Stell dir vor, dein englisches Hörbuch wird zusätzlich auf Spanisch, Portugiesisch oder Hindi veröffentlicht. Plötzlich erreichst du Millionen neuer potenzieller Hörer. Selbst wenn du nur eine zusätzliche Sprache hinzufügst, verdoppelst oder verdreifachst du dein Marktpotenzial. Besonders im Bereich Bildung, Persönlichkeitsentwicklung oder Meditation gibt es enorme Nachfrage außerhalb des englischsprachigen Raums.

Die dritte Strategie ist Lizenzierung. Sobald du eine hochwertige Audio-Bibliothek aufgebaut hast – etwa Meditationen, Kurse, Geschichten oder Soundscapes – kannst du diese Inhalte lizenzieren. Das bedeutet: Andere Unternehmen zahlen dir für die Nutzung deiner Audio-Inhalte, während du die Rechte behältst.

Du kannst beispielsweise:

- Meditationen an Wellness-Apps lizenzieren
- Podcast-Serien an Plattformen verkaufen
- Audiokurse mit kommerziellen Nutzungsrechten anbieten
- Nicht-exklusive oder exklusive Nutzungsrechte verkaufen

Plattformen wie AudioJungle, Envato oder Gumroad ermöglichen es, Lizenzen mit klaren Bedingungen anzubieten. So wird dein Voice-Content zu geistigem Eigentum, das langfristig Einnahmen generiert – ohne dass du ständig neu produzieren musst.

Zusammengefasst:
Voice-Cloning sorgt für Markenidentität und Effizienz.
Mehrsprachige Inhalte öffnen globale Märkte.
Lizenzierung verwandelt Content in skalierbares IP.

Das ist der Übergang vom Freelancer zum digitalen Medienunternehmen.

Amaras Geschichte

Amara Lopez war Künstlerin und Yogalehrerin. Am meisten liebte sie es, geführte Meditationen zu schreiben. Eines Tages fragte eine Schülerin, ob sie Audio-Aufnahmen davon habe. Amara hatte kein Mikrofon, kein Studio – aber sie kannte KI-Stimmen.

Sie nutzte ElevenLabs, wählte eine sanfte, ruhige Stimme und vertonte ihre erste Meditation. Sie fügte lizenzfreie Hintergrundmusik hinzu und veröffentlichte das Video auf YouTube. Innerhalb einer Woche hatte es 2.000 Aufrufe.

Ermutigt schrieb sie weitere Meditationen und verkaufte ein Paket für 19 € online. Die Resonanz war überwältigend. Dann erhielt sie eine Nachricht auf Spanisch mit der Frage nach einer Übersetzung. Sie übersetzte ihre Texte, vertonte sie mit einer spanischen KI-Stimme – und die Verkäufe verdoppelten sich. Bald kamen französische und portugiesische Versionen hinzu.

Der Wendepunkt kam, als eine Wellness-App fünf ihrer Meditationen für 1.500 € lizenzierte. Kurz darauf meldeten sich weitere Unternehmen. Amara erstellte ein Media-Kit und definierte Lizenzpreise: 99 € für persönliche Nutzung, 199 € für kommerzielle Nutzung, 1.000 € für exklusive Rechte.

Mit der Zeit entwickelte sie durch Voice-Cloning eine eigene Markenstimme. Sie erweiterte ihr Angebot um Affirmationen, Schlafgeschichten und Klanglandschaften. Heute laufen ihre Inhalte in Apps, Spas und Playlists auf mehreren Kontinenten – ohne dass sie je ein Mikrofon benutzt hat.

Amaras Geschichte zeigt: Wenn Leidenschaft auf Systeme trifft und Stimme auf Skalierung, entsteht nicht nur Einkommen – sondern Wirkung.

Kapitel 8: Rechtliche, ethische und markenstrategische Überlegungen bei KI-Stimmen

Wenn dein KI-Voice-Business wächst, werden rechtliche, ethische und markenstrategische Aspekte immer wichtiger. KI-Stimmen bieten enorme Chancen – aber auch Verantwortung. In diesem Kapitel lernst du, wie du rechtliche Risiken vermeidest, ethisch handelst und eine vertrauenswürdige Marke aufbaust – selbst wenn die Stimme hinter deinem Content nicht menschlich ist.

Beginnen wir mit den rechtlichen Grundlagen. Einer der wichtigsten Punkte ist die Nutzungsrechte-Lizenz. Nicht alle KI-Plattformen erlauben kommerzielle Nutzung in jedem Tarif. Viele Tools bieten spezielle kommerzielle oder Creator-Pläne an. Wenn du Hörbücher verkaufst, Freelancer-Aufträge annimmst oder Kurse vertonst, musst du sicherstellen, dass dein gewählter Tarif die kommerzielle Nutzung ausdrücklich erlaubt. Andernfalls drohen Content-Entfernungen, Kontosperrungen oder rechtliche Schritte.

Ein weiterer sensibler Bereich ist Voice-Cloning. Deine eigene Stimme zu klonen ist in der Regel erlaubt – solange sie nicht für betrügerische Zwecke genutzt wird. Die Stimme einer anderen Person ohne ausdrückliche Zustimmung zu klonen, ist jedoch rechtlich problematisch und kann als Verletzung von Persönlichkeitsrechten oder geistigem Eigentum gelten. Schriftliche Einwilligung ist Pflicht. Viele Plattformen verlangen sogar Identitätsnachweise für Voice-Cloning. Prominentenstimmen oder bekannte Persönlichkeiten ohne Lizenz zu imitieren ist im kommerziellen Bereich fast immer unzulässig.

Auch Content-Eigentum spielt eine Rolle. In den meisten Fällen besitzt du das Urheberrecht an deinem finalen Audioprodukt, sofern du den Text selbst erstellt und eine lizenzierte Stimme verwendet hast. Du besitzt jedoch in der Regel nicht das zugrunde liegende Sprachmodell. Das wird relevant, wenn du Inhalte weiterlizenzieren oder großflächig vertreiben willst. Prüfe daher stets die Plattformbedingungen.

Nun zu den ethischen Aspekten. Rechtlich erlaubt heißt nicht automatisch moralisch sinnvoll. Transparenz schafft Vertrauen. Wenn deine Inhalte KI-narrativ sind, musst du das nicht verstecken. Im Gegenteil: Offenheit kann dein Markenimage stärken – besonders bei technikaffinen Zielgruppen. Problematisch wird es, wenn du bewusst den Eindruck erweckst, eine echte Person habe gesprochen, obwohl das nicht der Fall ist.

Vermeide außerdem:

- Falsche Sprecher-Zuschreibungen
- Gefälschte Testimonials
- Irreführende Werbung
- Die Verwendung fremder Inhalte ohne Genehmigung

Mit zunehmender Regulierung von KI-Technologien werden ethische Standards wichtiger denn je.

Kommen wir zur Markenstrategie. Einer der größten Vorteile von KI-Stimmen ist Konsistenz. Du kannst eine wiedererkennbare Klangidentität aufbauen – unabhängig von deiner eigenen Stimme. Wähle eine Tonalität (ruhig, dynamisch, professionell, warm), die zu deiner Zielgruppe passt, und bleibe dabei. Mit der Zeit wird deine KI-Stimme Teil deiner Markenidentität – ähnlich wie ein Logo oder ein Jingle.

Du kannst deiner KI-Stimme sogar eine Rolle geben: „Coach“, „Mentor“, „Erzähler“ oder „Guide“. Wenn du deine eigene Stimme klonst, wird die Verbindung noch stärker. Wichtig ist Einheitlichkeit – auch visuell. Stimme, Farben, Thumbnails und Design sollten harmonieren.

Letztlich zählt jedoch nicht, ob die Stimme synthetisch ist – sondern ob deine Botschaft authentisch ist. Menschen reagieren auf Mehrwert, Ehrlichkeit und Konsistenz.

Ethans Geschichte

Ethan Ross startete einen faceless YouTube-Kanal über Produktivität. Er nutzte eine KI-Stimme, weil er seine eigene Stimme nicht mochte. Sein Kanal wuchs schnell. Ein Video erreichte über eine Million Aufrufe. Zuschauer hielten ihn für einen erfahrenen Sprecher.

Er stellte nie klar, dass die Stimme KI-generiert war. Er log nicht – aber er war auch nicht transparent. Als ein Nutzer bemerkte, dass es sich um eine bekannte KI-Stimme handelte, entstand eine Diskussion. Einige fühlten sich getäuscht.

Ethan reagierte mit einem Video: „Die Wahrheit über meine Stimme." Er erklärte offen, dass er KI nutze, um sich auf Inhalte zu konzentrieren. Die Worte seien seine, die Stimme ein Werkzeug. Viele Zuschauer schätzten die Ehrlichkeit.

Er passte seine Markenkommunikation an und positionierte sich bewusst als „Creator mit KI-Unterstützung". Dadurch gewann er eine neue Zielgruppe: Menschen, die ebenfalls anonym Content erstellen wollten.

Ethans Lektion: Vertrauen ist wertvoller als Perfektion. Eine KI-Stimme kann dein Werkzeug sein – aber Integrität ist dein Fundament.

Wenn deine Botschaft auf Wahrheit, Mehrwert und Transparenz basiert, spielt es keine Rolle, ob deine Stimme biologisch oder digital ist. Entscheidend ist, dass sie glaubwürdig klingt – und dass dein Handeln glaubwürdig bleibt.

Kapitel 9: Mit KI-Stimmen Autorität, Einfluss und eine langfristige Marke aufbauen

Die meisten Menschen sehen KI-Stimmen nur als Werkzeuge – um Zeit zu sparen, Kosten zu senken oder monotone Aufgaben zu automatisieren. Das stimmt auch. Doch wenn du es dabei belässt, verpasst du eine der größten Chancen: Mit KI-Voice-Content kannst du langfristige Autorität, Einfluss und eine starke Marke aufbauen. In diesem Kapitel geht es nicht mehr nur ums Geldverdienen – sondern um Positionierung, Führung und nachhaltigen Markenaufbau.

Der erste Schritt zu echter Autorität ist Klarheit über deine Botschaft. Autorität entsteht nicht durch eine perfekte Stimme, sondern durch konstanten Mehrwert. Egal, ob du Hörbücher veröffentlichst, Podcasts produzierst oder faceless YouTube-Videos erstellst – entscheidend ist, was du sagst. Wähle eine klare Nische. Löse konkrete Probleme. Liefere Inhalte, die das Leben deiner Zielgruppe verbessern. Wiederholung, Qualität und Fokus bauen Glaubwürdigkeit auf.

Der nächste Faktor ist Konsistenz. Wenn Menschen deine KI-Stimme auf mehreren Plattformen hören – im Podcast, im

Hörbuch, im Kurs, in E-Mails – entsteht Wiedererkennung. Diese Vertrautheit schafft Vertrauen. Nutze dieselbe Stimme oder Persona, einheitliche Intros und Outros sowie konsistente Musik. Mit der Zeit wird deine KI-Stimme zu deinem akustischen Markenzeichen.

Autorität wächst besonders stark, wenn du Wissen skalierst. Digitale Kurse, Tutorials und Hörbücher ermöglichen es dir, Tausende gleichzeitig zu erreichen. Ergänze deine Inhalte mit Checklisten, Arbeitsblättern oder Bonusmaterial, um Mehrwert und Professionalität zu steigern. Positioniere deine Inhalte als Einstieg in eine größere Reise – etwa in Coaching, Mitgliedschaften oder Communities.

Ein weiterer Hebel ist strategische Einbettung. Lizenzierst du deine Inhalte an Apps, Plattformen oder andere Creator, erreichst du neue Zielgruppen. Kooperationen erweitern deine Reichweite. So wirst du vom Einzelkämpfer zur digitalen Leitfigur in deiner Nische.

Besonders kraftvoll ist Storytelling. Menschen erinnern sich an Geschichten, nicht an Daten. Teile persönliche Erfahrungen, Fallstudien oder echte Transformationen. Selbst wenn die Stimme KI-generiert ist, sollte deine Botschaft authentisch wirken. Wenn Hörer sagen: „Ich habe das Gefühl, ich kenne dich“, dann hast du eine emotionale Verbindung geschaffen.

Langfristige Marken entstehen durch Thought Leadership. Teile klare Standpunkte, eigene Frameworks und mutige Ideen. Wenn deine KI-Stimme mit starken Gedanken verknüpft ist, hebst du dich von generischem Content ab. So baust du eine Marke, die Bestand hat.

Nutze KI also nicht nur als Hilfsmittel – sondern als Verstärker deiner Vision. Deine Community wird sich nicht daran erinnern, ob die Stimme biologisch oder synthetisch war. Sie wird sich daran erinnern, wie sie sich durch deine Inhalte gefühlt hat.

Laylas Geschichte: 5 Minuten zur emotionalen Ruhe

Layla Shah war Therapeutin und wollte mehr Menschen erreichen. Ihre Praxis lief gut, doch online blieb sie unsichtbar. Eines Tages veröffentlichte sie eine kurze Meditation mit KI-Narration: „5 Minutes to Emotional Calm." Innerhalb einer Woche erreichte das Video 12.000 Aufrufe.

Menschen schrieben: „Das hat mir heute geholfen." „Ich fühle mich sicher beim Zuhören." Layla erkannte, dass ihre Botschaft – unterstützt durch KI – Wirkung entfaltete.

Sie entwickelte weitere Inhalte: Erdungsübungen, Trauma-Tools, Selbstregulations-Techniken. Alles geschrieben von ihr, gesprochen von KI. Sie startete den Podcast „The

Self-Soothing Library" und veröffentlichte ein Hörbuch. Bald bot sie Kurse an, kombinierte Audio mit Arbeitsmaterialien und baute eine Mitgliedschaft für Therapeuten auf.

Statt ihre KI-Nutzung zu verbergen, zeigte sie transparent ihren Workflow. Andere Coaches wollten lernen, wie sie dasselbe tun konnten. Layla wurde Mentorin für Fachleute, die ihre Wirkung skalieren wollten.

Ihre digitale Stimme wurde zum Symbol für Ruhe, Vertrauen und Klarheit. Menschen folgten ihr nicht nur wegen der Inhalte, sondern wegen der Atmosphäre, die sie schuf. Daraus entstanden Buchangebote, internationale Lizenzdeals und Vorträge.

Layla wollte ursprünglich nur helfen. Doch durch bewusste Positionierung, Konsistenz und Transparenz wurde sie zur globalen Stimme für emotionale Heilung.

Autorität entsteht nicht durch Lautstärke – sondern durch Klarheit, Wiederholung und Integrität. Und mit KI kannst du diese Autorität skalieren.

Kapitel 10: Deine nächsten Schritte – Dein Voice-Content-Business starten und skalieren

Du hast nun das volle Potenzial von KI-Sprachtechnologie kennengelernt – von Hörbüchern und Podcasts über Freelancer-Services bis hin zu faceless YouTube-Kanälen und skalierbaren Marken. Jetzt geht es um Umsetzung. Dieses Kapitel dreht sich nicht um Theorie, sondern um Momentum: fokussiert starten, konsequent wachsen und ein nachhaltiges Voice-Content-Business aufbauen.

Der erste Schritt: Wähle einen klaren Fokus. KI-Stimmen bieten unzählige Möglichkeiten, doch Erfolg kommt schneller, wenn du dich zunächst auf einen Bereich konzentrierst. Hast du bereits ein Buch oder einen Blog? Starte mit einem Hörbuch. Bist du aktiv auf Social Media? Beginne mit faceless Videos. Schreibst du gern strukturiert? Erstelle einen vertonten Kurs. Baue eine Sache sauber auf – und erweitere später.

Der zweite Schritt: Entwickle dein erstes monetarisiertes Produkt oder deinen ersten Kanal.
– Hörbuch: Manuskript formatieren, Kapitel vertonen, hochladen.

– YouTube: Skript schreiben, KI-Voiceover generieren, visuelle Elemente ergänzen, SEO-optimiert veröffentlichen.
– Online-Kurs: Lektionen schreiben, KI-Vertonung + Slides kombinieren, Plattform auswählen.

Wähle einen klaren Namen und eine visuelle Identität. Erstelle eine einfache Landingpage oder Link-in-Bio-Seite, auf der alles gebündelt ist.

Nach dem Launch zählt Konsistenz. Setze dir realistische Frequenzen: ein Hörbuch pro Monat, ein Podcast pro Woche oder mehrere Videos im Monat. KI verschafft dir Geschwindigkeit – nutze sie strategisch. Erstelle Vorlagen, standardisierte Workflows und wiederverwendbare Strukturen. Perfektion ist nicht entscheidend. Beständigkeit ist es.

Baue parallel dein Publikum auf. Sammle E-Mail-Adressen, baue eine Community oder einen Newsletter. Plattform-Algorithmen können sich ändern – deine Liste bleibt. Integriere klare Handlungsaufforderungen in deine KI-narrativen Inhalte: abonnieren, herunterladen, beitreten. Auch wenn die Stimme KI-generiert ist – die Beziehung bleibt menschlich.

Diversifiziere deine Einnahmen schrittweise. Ein Podcast kann zum Kurs werden. Ein Kurs kann zum Hörbuch werden. Ein

YouTube-Kanal kann Affiliate-Links oder Sponsoren integrieren. Denke in Content-Bibliotheken, nicht in Einzelprojekten.

Und schließlich: Skaliere intelligent. Dokumentiere deine Prozesse. Automatisiere, wo möglich. Lagere Aufgaben aus, sobald es wirtschaftlich sinnvoll ist. Dein Ziel ist nicht, mehr zu arbeiten – sondern effizienter zu arbeiten.

KI-Voice-Content ist kein kurzfristiger Trend. Es ist eine strukturelle Veränderung darin, wie Inhalte produziert und konsumiert werden. Deine Stimme – oder besser gesagt, deine Botschaft – kann heute global gehört werden, ohne Mikrofon, ohne Studio, ohne Kamera.

Tyler und Brain Fuel

Tyler Brooks war Lehrer und ausgebrannt. Er liebte Bildung, aber nicht das System. Nach seiner Kündigung entdeckte er KI-Voice-Content. Er schrieb ein Skript über schnelleres Lernen, generierte eine KI-Vertonung und veröffentlichte ein Video. Anfangs kaum Reichweite – doch erste positive Kommentare motivierten ihn.

Er entwickelte weitere Skripte, erstellte einen Mini-Kurs und sammelte E-Mails. Aus einzelnen Videos wurde ein Podcast namens Brain Fuel. Aus Podcast-Folgen wurden Hörbücher. Aus Hörbüchern wurden Kurse.

Sein Einkommen wuchs von wenigen Hundert Euro auf mehrere Tausend pro Monat. Innerhalb eines Jahres veröffentlichte er sechs Hörbücher, mehrere Kurse und über hundert Inhalte. Sein YouTube-Kanal überschritt 10.000 Abonnenten, seine E-Mail-Liste 5.000.

Doch wichtiger als das Geld war das Gefühl: Er war wieder Lehrer – nur mit größerer Reichweite, mehr Freiheit und kreativer Kontrolle.

Seine Geschichte zeigt: Die Technologie ist verfügbar. Der Markt ist bereit. Der einzige fehlende Faktor ist deine Entscheidung zu starten.

Deine Stimme – ob biologisch oder digital – kann Wirkung entfalten. Entscheide dich, sie zu nutzen.

Epilog: KI ist dein Gefäß

Wir sind am Ende dieses Buches angekommen – doch in Wahrheit ist dies erst der Anfang. Was du hier entdeckt hast, ist nicht nur eine Anleitung, sondern ein Tor. Ein Tor in eine neue Ära, in der Technologie Kreativität nicht ersetzt, sondern verstärkt. In der künstliche Intelligenz – einst Stoff aus Forschungslaboren und Science-Fiction – zu deinem Partner für Ausdruck, Wachstum und Einkommen wird. Du hast gesehen, wie ein einfacher Textblock zu kraftvollem Audio werden kann, das Menschen bewegt, Wissen vermittelt oder Geschichten erzählt. Und noch wichtiger: Du hast erkannt, wie sich diese Transformation monetarisieren, skalieren und personalisieren lässt.

In den ersten Kapiteln hast du gelernt, wie sich die Voiceover-Branche entwickelt hat. Du kennst nun den Unterschied zwischen monotone Text-to-Speech-Systemen und emotionaler KI-Narration. Du hast Plattformen entdeckt, die deine Stimme klonen, mehrere Sprachen sprechen, Tonfall und Tempo anpassen und deine Botschaft in Länder tragen können, die du vielleicht nie selbst besuchen wirst. Und das Beste daran? Diese Tools sind nicht mehr exklusiv oder unerschwinglich. Sie stehen dir heute zur Verfügung – oft kostenlos oder zu geringen Kosten. Deine Grenzen liegen nicht mehr im Zugang, sondern nur noch in deiner Vorstellungskraft und deiner Umsetzung.

Dieses Buch ist kein reines Handbuch. Es ist eine Landkarte. Eine Landkarte für Lehrende, die globale Wirkung erzielen möchten – ohne Klassenzimmer. Für Freelancer, die konstantes Einkommen aufbauen wollen – ohne Mikrofon. Für Autorinnen und Autoren, die Reichweite gewinnen möchten – ohne Bühne. Die hier vorgestellten Werkzeuge demokratisieren Storytelling, Bildung und Unternehmertum. Ob du in einer kleinen Wohnung arbeitest oder in einem lebhaften Zuhause – du besitzt jetzt alles, um etwas Bedeutendes aufzubauen. Die Tools sind da. Der Markt ist bereit. Die Chance ist enorm.

Doch vergiss eines nie: Werkzeuge sind nur so kraftvoll wie die Menschen, die sie nutzen. Die KI-generierte Stimme ist lediglich ein Gefäß. Bedeutung, Tiefe und Gewicht kommen von dir. Von deinen Ideen. Deiner Leidenschaft. Deiner Geschichte. Deine Perspektive verwandelt synthetische Klänge in echte menschliche Verbindung. Genau das übersehen viele: Technologie allein verändert nichts – Schöpferinnen und Schöpfer tun es. Du tust es. Deine Worte tragen Wert. Die Stimme ist nur das Transportmittel.

Was kommt jetzt? Jetzt wird gebaut. Vertone deinen ersten Artikel. Verwandle einen Blogpost in ein Hörbuch-Sample. Starte ein Freelancer-Angebot für KI-Voiceovers. Narratiere deinen Kurs, übersetze ihn in mehrere Sprachen und veröffentliche ihn weltweit. Beginne klein – aber beginne klug. Teste viel. Lerne schnell. Optimiere regelmäßig. Warte nicht auf Perfektion – sie kommt nie. Erfolgreich sind nicht die mit dem besten Equipment, sondern die mit dem stärksten Momentum.

Während du voranschreitest, halte dich an Werte, die langfristigen Erfolg sichern: Transparenz. Konsistenz. Kreativität. Und die Bereitschaft, anderen zu dienen. Ob du Geschichten erzählst, Wissen vermittelst oder ein Business aufbaust – dein Einfluss misst sich daran, wie sehr du anderen hilfst. Gewinn folgt Mehrwert. Und Mehrwert beginnt mit klarer Intention.

Die Zukunft gehört denen, die sich anpassen. Die alte Disziplin mit neuen Tools verbinden. Die aufhören, auf Erlaubnis zu warten – und stattdessen veröffentlichen, teilen, liefern, verkaufen. Du musst nicht berühmt sein. Du musst nicht laut sein. Du musst nicht einmal sichtbar sein. Du brauchst ein System, eine Geschichte und eine Strategie – und jetzt besitzt du alle drei. Das ist die Kraft der KI-Voiceover-Revolution.

Also lerne weiter. Erschaffe weiter. Teste, verbessere und wachse. Ob dein erstes Projekt ein vertonter Social-Media-Post oder eine geführte Meditation ist – du legst das Fundament für etwas Skalierbares, Profitables und Bedeutungsvolles. Und während sich die Technologie weiterentwickelt, wirst auch du wachsen.

Danke, dass du diese Reise gegangen bist. Danke, dass du an deine Stimme glaubst – ob aufgenommen, generiert oder irgendwo dazwischen. Die Welt hört zu. Es ist Zeit, deinen Worten eine Stimme zu geben. Und deiner Stimme? Es ist Zeit, ihr ein Vermächtnis zu schenken.

www.ingramcontent.com/pod-product-compliance
Lightning Source LLC
LaVergne TN
LVHW022026200926
848481LV00007B/2561